T0303767

Crear
peligrosamente

Crear peligrosamente

**El poder
y la responsabilidad
del artista**

Albert Camus

GG

Esta conferencia, titulada "El artista y su tiempo", fue pronunciada en el gran anfiteatro de la Universidad de Upsala el 14 de diciembre de 1957.

Un sabio oriental pedía en sus plegarias que la divinidad tuviese a bien dispensarle de vivir una época interesante. A nosotros, como no somos sabios, la divinidad no nos ha dispensado y vivimos una época interesante. En todo caso, no admite que podamos desinteresarnos de ella. Los escritores de hoy lo saben. Si hablan, se les critica y se les ataca. Si, por modestia, se callan, solo se les hablará de su silencio, para reprochárselo ruidosamente.

En medio de tanto ruido, el escritor no puede ya esperar mantenerse al

Albert Camus

margen para perseguir las reflexiones y las imágenes que le son gratas. Hasta ahora, para bien o para mal, la abstención siempre ha sido posible en la historia. Quien no aprobaba algo, podía callarse o hablar de otra cosa. Hoy, todo ha cambiado, y hasta el silencio cobra un sentido temible. A partir del momento en que hasta la abstención es considerada como una elección, castigada o elogiada como tal, el artista, quiéralo o no, está embarcado. Embarcado me parece aquí más preciso que comprometido. Pues para el artista no se trata, en efecto, de un compromiso voluntario, sino más bien de un servicio militar obligatorio. Todo artista está hoy embarcado en la galera de su tiempo. Debe resignarse a ello, aunque estime que esa galera apesta a arenque, que los cómitres son demasiado numerosos y que, además, sigue un rumbo equivocado. Estamos en medio del mar. El artista, como los demás, debe remar a su vez, sin morir si es posible, es decir: sin dejar de seguir viviendo y creando. A decir verdad, eso no es fácil y comprendo que los artistas añoren su antigua comodidad. El cambio es un poco brutal. Ciertamente, en el circo de la historia siempre han existido el mártir y el león. El primero se mantenía de consuelos eternos, el segundo de alimentos históricos sangrientos. Pero el artista estaba en las gradas. Cantaba para nada, para sí mismo o, en el mejor de los casos, para animar al mártir y distraer un poco al león de su apetito. Ahora, por el contrario, el artista se encuentra en el circo. Forzosamente, su voz ya no es la misma, es mucho menos firme.

Albert Camus

Es fácil ver todo lo que puede perder el arte en esta constante obligación. La soltura ante todo, y esa divina libertad que respira en la obra de Mozart. Se comprende mejor así el aspecto hosco y rígido de nuestras obras de arte, su frente ceñuda y sus súbitas derrotas. Así se explica que tengamos más periodistas que escritores, más *boy-scouts* de la pintura que Cézannes y que, en fin, la biblioteca rosa o la novela negra hayan ocupado el lugar de *Guerra y paz* o de *La cartuja de Parma*. Claro es que siempre puede oponerse a este estado de cosas la lamentación humanista, o convertirse en lo que Trofimovitch, en *Los posesos*, quiere ser a toda costa: la encarnación del reproche. Como este personaje, se puede también tener accesos de tristeza cívica. Pero esta tristeza no cambia en nada la realidad.

Más vale, en mi opinión, dar a la época lo suyo, puesto que lo reclama con tanto vigor, y reconocer tranquilamente que han pasado ya los tiempos de los caros maestros, de los eruditos a la violeta y de los genios encaramados a un sillón. Crear hoy es crear peligrosamente. Toda publicación es un acto que expone a su autor a las pasiones de un siglo que no perdona nada. El problema no estriba en saber si eso es o no perjudicial para el arte. El problema, para todos los que no pueden vivir sin el arte y lo que este significa, estriba únicamente en saber cómo, entre las policías de tantas ideologías (¡cuántas iglesias, cuánta soledad!), sigue siendo posible la extraña libertad de la creación.

No basta decir a este respecto que el arte está amenazado por los poderes del Estado. En tal caso, en efecto, el problema

Albert Camus

para el artista sería muy sencillo: o luchar o capitular. El problema es más complejo, más mortal también, desde el momento en que se hace evidente que el combate se desarrolla en el fuero interno del propio artista. Si el odio al arte, del que nuestra sociedad ofrece tantos ejemplos, muestra hoy tanta eficacia, es porque los propios artistas lo alimentan. Las dudas de los artistas que nos precedieron concernían a su propio talento. Las de los artistas de hoy conciernen a la necesidad de su arte, es decir, a su existencia misma. En 1957, Racine pediría perdón por escribir *Bérénice* en vez de combatir en defensa del Edicto de Nantes.

Este cuestionamiento del arte por el artista obedece a muchas razones, de las que hay que quedarse solo con las más elevadas. En el mejor de los casos, se explica por la impresión que puede tener el artista contemporáneo de mentir o de hablar para nada si no tiene en cuenta las miserias de la historia. Lo que caracteriza a nuestro tiempo, en efecto, es la irrupción de las masas y de su miserable condición ante la sensibilidad contemporánea. Se sabe que existen, cuando antes se tendía a olvidarlo. Y si ahora se sabe, no es porque las minorías selectas, artísticas u otras, se hayan hecho mejores, no, tranquilicémonos; es porque las masas se han hecho más fuertes y no dejan que se las olvide.

Hay más razones aún, y algunas menos nobles, para esta dimisión del artista. Pero cualesquiera que sean tales razones, todas concurren al mismo fin: a desanimar la creación libre a través del ataque a su

Albert Camus

principio esencial, que es la fe del creador en sí mismo. "La obediencia de un hombre a su propio genio —dijo magníficamente Emerson— es la fe por excelencia". Y otro escritor norteamericano del siglo XIX añadía: "Mientras un hombre permanece fiel a sí mismo, todo —gobierno, sociedad, el sol mismo, la luna y las estrellas— abunda en su sentido". Este prodigioso optimismo parece muerto hoy. El artista, en la mayoría de los casos, se avergüenza de sí mismo y de sus privilegios, si es que los tiene. Debe responder ante todo a la cuestión que se plantea: ¿es el arte un lujo mentiroso?

I

La primera respuesta honrada que puede darse es esta: a veces, en efecto, el arte es un lujo mentiroso. Sabemos que siempre y en todas partes se puede cantar a las constelaciones desde la toldilla de las galeras, mientras los forzados reman y se extenúan en la cala, igual que se puede centrar la atención en la conversación mundana que se desarrolla en las gradas del circo mientras la víctima cruje bajo los dientes del león. Y es difícil objetar algo a este arte que ha conocido grandes éxitos en el pasado. Solo que las cosas han cambiado

Albert Camus

un poco y que el número de forzados y de mártires ha aumentado prodigiosamente en toda la superficie del globo. Ante tanta miseria, si este arte quiere seguir siendo un lujo, hoy debe aceptar ser también una mentira.

¿De qué podría hablar, en efecto? Si se amolda a lo que pide la mayoría de nuestra sociedad, será puro entretenimiento sin alcance. Si lo rechaza ciegamente, si el artista decide aislarse en su sueño, no expresará otra cosa que un rechazo. Tendremos así una producción de entretenedores o de gramáticos formalistas, que, en ambos casos, conduce a un arte separado de la realidad viva. Desde hace casi un siglo, vivimos en una sociedad que ni siquiera es la sociedad del dinero (el dinero o el oro pueden suscitar pasiones carnales), sino la de los símbolos abstractos del dinero. La sociedad de los comerciantes puede definirse como una sociedad en la que las cosas desaparecen en beneficio de los signos. Cuando una clase dirigente mide sus fortunas, no ya en hectáreas de tierra ni en lingotes de oro, sino por las cifras que corresponden idealmente a un cierto número de operaciones de cambio, se obliga a la vez a instalar cierta especie de mixtificación en el centro de su experiencia y de su universo. Una sociedad basada en los signos es, en su esencia, una sociedad artificial en la que la verdad carnal del hombre está mixtificada. No puede sorprender, pues, que esta sociedad haya escogido y elevado a religión una moral de principios formales y que inscriba las palabras libertad e igualdad tanto en sus

Albert Camus

prisiones como en sus templos financieros. Sin embargo, las palabras no se dejan prostituir impunemente. El valor más calumniado hoy es el de la libertad. Hay gente de buenas intenciones (siempre he pensado que hay dos clases de inteligencia, la inteligente y la tonta) que han llegado a erigir en doctrina que la libertad no es sino un obstáculo en el camino del verdadero progreso. Tonterías tan solemnes han podido ser proferidas porque durante cien años la sociedad mercantilista ha hecho un uso exclusivo y unilateral de la libertad, la ha considerado como un derecho más bien que como un deber y no ha temido, siempre que ha podido, poner una libertad de principio al servicio de una opresión de hecho. En tales condiciones, no puede sorprender que esta sociedad no haya considerado al arte como un instrumento de liberación y sí como un ejercicio sin importancia y una simple diversión. La "buena sociedad", en la que se sufría sobre todo de aflicciones de dinero y disgustos solo de corazón, se contentó así, durante décadas, con sus novelistas mundanos y con el arte más fútil imaginable. A propósito de ese arte, decía Oscar Wilde, pensando en sí mismo antes de conocer la prisión, que el vicio supremo es ser superficial.

Los fabricantes de arte (todavía no me he referido a los artistas) de la Europa burguesa, antes y después de 1900, aceptaron de este modo la irresponsabilidad porque la responsabilidad suponía una ruptura peligrosa con su sociedad (los que verdaderamente rompieron se llamaban

Rimbaud, Nietzsche, Strindberg, y ya se sabe el precio que pagaron). De esa época data la teoría del arte por el arte, que no es sino la reivindicación de esa irresponsabilidad. El arte por el arte, la distracción de un artista solitario, es precisamente el arte artificial de una sociedad ficticia y abstracta. Su resultado lógico es el arte de los salones, o el arte puramente formal que se nutre de preciosismos y de abstracciones y que acaba destruyendo toda realidad. Algunas de estas obras encantan a algunos hombres, mientras que muchas invenciones burdas corrompen a otros muchos. Al final, el arte se constituye al margen de la sociedad y se secciona de sus raíces vivas. Poco a poco, el artista, hasta el más celebrado, va quedándose solo, o al menos es reconocido por su nación únicamente a través de la prensa o de la radio, que darán de él una idea cómoda y simplificada. En efecto, mientras más se especializa el arte, más necesaria se hace la vulgarización. Millones de hombres tendrán así la impresión de conocer a tal o cual gran artista de nuestro tiempo porque han leído en los periódicos que cría canarios o que nunca se casa por más de seis meses. La mayor celebridad consiste hoy en ser admirado o detestado sin haber sido leído. Todo artista que quiera ser célebre en nuestra sociedad debe saber que no será él quien lo consiga, sino otro bajo su nombre, que acabará emancipándose de él o tal vez matando en él al artista verdadero.

No es sorprendente, pues, que todo lo válido que se ha creado en la Europa mercantilista de los siglos xix y xx, en

Albert Camus

literatura, por ejemplo, se haya edificado contra la sociedad de su tiempo. Puede decirse que, hasta los albores de la Revolución francesa, la literatura en funciones es globalmente una literatura de consentimiento. A partir del momento en que la sociedad burguesa, surgida de la Revolución, se encuentra estabilizada, se desarrolla, por el contrario, una literatura de rebelión. Los valores oficiales entonces pasan a ser negados, en Francia por ejemplo, sea por los portadores de valores revolucionarios, desde los románticos a Rimbaud, sea por los conservadores de los valores aristocráticos, de los que Vigny y Balzac son buenos ejemplos. En ambos casos, pueblo y aristocracia, que son las dos fuentes de toda civilización, se alzan contra la sociedad facticia de su tiempo.

Pero este rechazo, mantenido inflexiblemente durante mucho tiempo, se ha tornado facticio también y conduce a otra clase de esterilidad. El tema del poeta maldito nacido en una sociedad mercantilista (Chatterton es la mejor ilustración) se ha solidificado en un prejuicio que pretende que no se puede ser un gran artista sin enfrentarse a la sociedad de la época, cualquiera que esta sea. Legítimo en su origen, cuando afirmaba que un verdadero artista no puede transigir con el mundo del dinero, el principio se ha tornado falso al establecer que un artista solo puede afirmarse estando en contra de todo en general. Por eso muchos de nuestros artistas aspiran a la condición de malditos, tienen mala conciencia de no serlo y desean a la vez el aplauso y el silbido. Naturalmente,

Albert Camus

la sociedad actual, fatigada o indiferente, no aplaude o silba más que por azar. El intelectual de nuestro tiempo se empeña en resistir para engrandecerse. Pero a fuerza de rechazarlo todo, incluso la tradición de su arte, el artista contemporáneo llega a hacerse la ilusión de crear sus propias reglas y acaba creyéndose Dios. A la vez, cree poder crear por sí mismo su realidad. Sin embargo, alejado de su sociedad, no creará sino obras formales o abstractas, interesantes en cuanto que experimentos, pero privadas de la fecundidad inherente al arte verdadero, cuya vocación es la de reunir. En suma, habrá tanta diferencia entre las sutilezas o las abstracciones contemporáneas y la obra de un Tolstói o de un Molière como entre la letra descontada sobre un trigo invisible y la gruesa tierra del propio surco.

Albert Camus

II

El arte puede así ser un lujo mentiroso. No es extraño, pues, que algunos hombres o algunos artistas hayan querido dar marcha atrás y volver a la verdad. Desde ese momento, negaron que el artista tuviese derecho a la soledad y le ofrecieron como tema no sus sueños, sino la realidad vivida y sufrida por todos. Seguros de que el arte, tanto por sus temas como por su estilo, escapa a la comprensión de las masas, o bien no expresa nada de su verdad, esos hombres pretendieron que el artista se propusiera, por el contrario, hablar de la mayoría y

Albert Camus

para la mayoría. Que el artista traduzca los sufrimientos y la felicidad de todos en el lenguaje de todos, y será universalmente comprendido. Como recompensa de una fidelidad absoluta a la realidad, el artista obtendrá la comunicación total entre los hombres.

Este ideal de la comunicación universal es, en efecto, el de todo gran artista. Contrariamente al prejuicio establecido, si alguien no tiene derecho a la soledad, es precisamente el artista. El arte no puede ser un monólogo. Incluso el artista solitario y desconocido que invoca a la posteridad no hace otra cosa que reafirmar su vocación profunda. Por considerar imposible el diálogo con contemporáneos sordos o distraídos, invoca un diálogo más numeroso, con las generaciones venideras.

Pero para hablar de todos y a todos, es necesario hablar de lo que todos conocen y de la realidad que nos es común. El mar, la lluvia, la necesidad, el deseo, la lucha contra la muerte, eso es lo que nos reúne a todos. Nos reunimos en lo que vemos juntos, en lo que conjuntamente sufrimos. Los sueños cambian con los hombres, pero la realidad del mundo es nuestra patria común. La ambición del realismo es, pues, legítima, dado que está profundamente ligada a la aventura artística.

Seamos, pues, realistas. O más bien tratemos de serlo, si es que es posible serlo. Pues no es seguro que la palabra tenga sentido, no es seguro que el realismo, por deseable que pueda ser, sea posible. Preguntémonos ante todo si el realismo puro es posible en el arte. De creer a los naturalistas del siglo pasado, es la reproducción exacta de la realidad. Sería, pues, al arte lo que la fotografía es a la pintura: la primera reproduce, mientras que la segunda escoge. Pero ¿qué reproduce y qué es la realidad? Después de todo, aun la mejor de las fotografías no logra ser una reproducción bastante fiel, suficientemente realista. ¿Qué hay más real en nuestro universo, por ejemplo, que la vida de un hombre, y qué medio mejor para resucitarla que una película realista? Pero ¿en qué condiciones sería posible tal película? En condiciones puramente imaginarias. En efecto, habría que suponer una cámara ideal centrada, día y noche, sobre ese hombre, cuyos menores movimientos captaría sin cesar. El resultado sería una película cuya proyección duraría la vida de un hombre y que solo podría ser vista por espectadores resignados a perder su vida para interesarse exclusivamente por los detalles de la existencia de otro. Pero aun en tales condiciones esa película inimaginable no sería realista. Por la sencilla razón de que la realidad de la vida de un hombre no se encuentra únicamente allí donde esté. Se encuentra también en otras vidas que dan forma a la suya, las vidas de sus seres amados, que deberían filmarse a su vez, así como las vidas de hombres desconocidos, poderosos o miserables, conciudadanos, policías, profesores, compañeros invisibles de las minas y de los talleres, diplomáticos y dictadores, reformadores religiosos, artistas que crean mitos decisivos para nuestra conducta, humildes representantes, en fin, del soberano azar que reina hasta sobre

Albert Camus

las existencias más ordenadas. Así pues, solo hay una película realista posible: la que sin cesar es proyectada ante nosotros por un aparato invisible sobre la pantalla del mundo. El único artista realista, de existir, sería Dios. Los demás artistas son forzosamente infieles a lo real.

En consecuencia, los artistas que rechazan la sociedad burguesa y su arte formal, que quieren hablar de la realidad y solo de ella, se hallan en una dolorosa situación sin salida. Deben ser realistas y no pueden serlo. Quieren someter su arte a la realidad y no es posible describir la realidad sin realizar en ella una selección que la somete a la originalidad del arte. La hermosa y trágica producción de los primeros años de la Revolución rusa es una buena muestra de este tormento.

Lo que Rusia nos dio entonces, con Blok y el gran Pasternak, Maiakovski y Essenin, Eisenstein y los primeros novelistas del cemento y del acero, fue un espléndido laboratorio de formas y de temas, una fecunda inquietud, una locura de investigaciones. Sin embargo, hubo que concluir planteándose cómo se podía ser realista cuando el realismo era imposible. En este caso, como en otros, la dictadura zanjó la cuestión cortando por lo sano: el realismo, según ella, era, en primer lugar, necesario, y luego era posible a condición de que fuera socialista.

¿Qué sentido tiene este decreto?

De hecho, reconoce francamente que no se puede reproducir la realidad sin hacer en ella una selección, y rechaza la teoría del realismo tal como había sido formulada

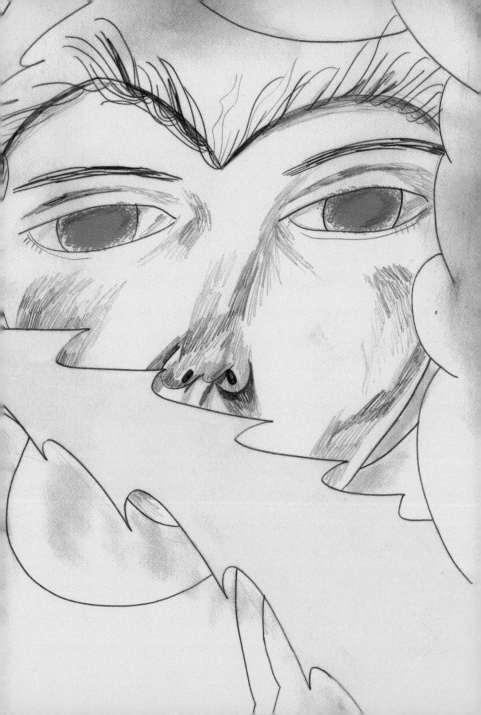

en el siglo xix. Solo le queda encontrar un principio de opción en torno al cual organizar el mundo. Y lo encuentra no en la realidad que conocemos, sino en la realidad que será, es decir, en el porvenir. Para reproducir bien lo que es, hay que pintar también lo que será. Dicho de otro modo, el verdadero objeto del realismo socialista es precisamente lo que no tiene todavía realidad.

La contradicción es grandiosa. Después de todo, la expresión misma de realismo socialista era contradictoria. En efecto, ¿cómo es posible un realismo socialista cuando la realidad no es enteramente socialista? No es socialista ni en el pasado ni en el presente. La respuesta es sencilla: se elegirá en la realidad de hoy o en la de ayer lo que prepare y sirva a la ciudad perfecta del futuro. Así, habrá que dedicarse, por una parte, a negar y condenar lo que en la realidad no es socialista, y, por otra, a exaltar lo que lo es o lo será. Inevitablemente, se llega así al arte de propaganda, con sus buenos y sus malos, a una biblioteca rosa, en suma, tan separada como el arte formalista de la realidad compleja y viva. El resultado final es que este arte será socialista en la medida en que no sea realista.

Esta estética que pretendía ser realista se convierte entonces en un nuevo idealismo burgués. Se da ostensiblemente a la realidad un rango soberano para liquidarla mejor. El arte queda reducido a nada. Es útil, y al utilizarlo se lo instrumentaliza. Solo los que rehúyen describir la realidad serán llamados realistas y recibirán elogios. Los otros serán censurados a través de los aplausos a los primeros. Si en la sociedad burguesa la celebridad consiste en no ser leído o mal leído, en la sociedad totalitaria consiste en impedir a los otros que sean leídos. Una vez más, el arte verdadero será desfigurado o amordazado, y la comunicación universal se verá abortada por aquellos mismos que la deseaban apasionadamente.

Ante semejante fracaso, lo más sencillo sería reconocer que el llamado realismo socialista tiene muy poco que ver con el gran arte y que los revolucionarios, por el bien de la revolución, deberían buscar otra estética. Sabido es, por el contrario, que sus defensores proclaman que fuera del realismo socialista no hay arte posible. Lo proclaman, en efecto. Pero tengo la profunda convicción de que no lo creen y de que han decidido que los valores artísticos deben someterse a los de la acción revolucionaria. Si esto se reconociera con claridad, la discusión sería más fácil. Cabe respetar tan gran renuncia en hombres que padecen con intensidad el contraste entre la desdicha de todos y los privilegios inherentes a veces a un destino de artista, que rechazan la insoportable distancia que separa a los amordazados por la miseria de quienes tienen por vocación expresarse siempre. Se podría comprender a esos hombres, tratar de dialogar con ellos, intentar decirles, por ejemplo, que la supresión de la libertad creadora acaso no sea el buen camino para la liberación de los oprimidos y que mientras se aguarda hablar para todos, es estúpido privarse del

Albert Camus

poder de hablar, al menos, para algunos. Sí, el realismo socialista debería reconocer sus lazos de parentesco, reconocer que es el hermano gemelo del realismo político. Sacrifica el arte en nombre de una finalidad extraña al arte, pero que, en la escala de los valores, puede parecerle superior. En resumen, suprime el arte provisionalmente para instaurar primero la justicia. Cuando la justicia esté entronizada, en un futuro todavía impreciso, el arte resucitará. Se aplica así a las cosas del arte esa regla de oro de la inteligencia contemporánea que afirma que no se hace una tortilla sin romper huevos. Pero este aplastante sentido común no debe engañarnos. No basta con romper millares de huevos para hacer una buena tortilla, y la calidad del cocinero, creo yo, no se estima por la cantidad de cáscaras rotas. Los cocineros artísticos de nuestro tiempo deben temer, por el contrario, romper más huevos de los que desearían y que, en consecuencia, la tortilla de la civilización no cuaje nunca, que el arte no resucite. La barbarie nunca es provisional. No se la tiene suficientemente en cuenta y es normal que se extienda del arte a las costumbres. Se ve entonces nacer, de la desdicha y de la sangre de los hombres, literaturas insignificantes, periódicos adictos, cuadros fotográficos y obras patrocinadas en las que el odio reemplaza a la religión. El arte culmina aquí en un optimismo de encargo, justamente el peor de los lujos y la más irrisoria de las mentiras.

No puede causar extrañeza. La pena de los hombres es un tema tan amplio que, al parecer, nadie es capaz de abordarlo, salvo que se sea como Keats, de quien se ha dicho que era tan sensible que habría podido tocar con sus manos el dolor mismo. Esto se hace evidente cuando una literatura dirigida se propone mitigar esa pena con consuelos oficiales. La mentira del arte por el arte fingía ignorar el mal y asumía así la responsabilidad de este. Pero la mentira realista, aunque asuma con coraje el reconocimiento de la desdicha presente de los hombres, la traiciona también gravemente al utilizarla para exaltar una felicidad por venir de la que nadie sabe nada y que autoriza por tanto todas las mixtificaciones.

Las dos estéticas que se han enfrentado durante tanto tiempo, la que recomienda el rechazo total de la actualidad y la que pretende rechazar todo lo que no sea actualidad, terminan, sin embargo, convergiendo, lejos de la realidad, en una misma mentira y en la supresión del arte. El academicismo de derecha ignora una miseria que el academicismo de izquierda utiliza. Pero en ambos casos la miseria se ve reforzada al mismo tiempo que el arte se ve negado.

Albert Camus

III

¿Debemos concluir que esta mentira es la esencia misma del arte? Muy al contrario, diré que las actitudes de las que vengo hablando no son mentiras más que en la medida en que no tienen mucho que ver con el arte. ¿Qué es, pues, el arte? Nada simple, eso es seguro. Y es aún más difícil saberlo en medio de los gritos de tantas gentes empecinadas en simplificarlo todo. Se quiere, por una parte, que el genio sea espléndido y solitario; se le conmina, por otra parte, a parecerse a todos. Pero, ¡ay!, la realidad es más compleja.

Albert Camus

Balzac lo dio a entender en esta frase: "El genio se parece a todo el mundo y nadie se le parece". Lo mismo ocurre con el arte, que no es nada sin la realidad, y sin el que la realidad es muy poca cosa. En efecto, ¿cómo podría el arte prescindir de la realidad y cómo podría someterse a ella? El artista escoge su objeto tanto como es escogido por este. El arte, en un cierto sentido, es una rebelión contra el mundo en lo que tiene de huidizo e inacabado; no se propone, pues, otra cosa que dar otra forma a una realidad que, sin embargo, está obligado a conservar porque es la fuente de su emoción. A este respecto, todos somos realistas y nadie lo es. El arte no es ni la negación total ni el consentimiento total a lo que es. Es al mismo tiempo negación y consentimiento, y por eso no puede ser sino un desgarramiento perpetuamente renovado. El artista se encuentra siempre en esta ambigüedad, incapaz de negar lo real y, sin embargo, eternamente dedicado a negarlo en lo que tiene de eternamente inacabado. Para hacer una naturaleza muerta es preciso que se enfrenten y se corrijan recíprocamente un pintor y una manzana. Y aunque las formas no sean nada sin la luz del mundo, añaden luminosidad a su vez a esta luz. El universo real que, por su esplendor, suscita los cuerpos y las estatuas, recibe de ellos al mismo tiempo una segunda luz que fija la del cielo. El gran estilo se halla así a medio camino entre el artista y su objeto. No se trata, pues, de saber si el arte debe rehuir lo real o someterse a ello, sino únicamente de conocer la dosis exacta de realidad con que debe lastrarse la obra para que no desaparezca

Albert Camus

en las nubes ni se arrastre, por el contrario, con suelas de plomo. Cada artista resuelve este problema como buenamente puede o entiende. Cuanto más fuerte sea la rebelión de un artista contra la realidad del mundo, mayor será el peso de lo real necesario para equilibrarla. La obra más alta será siempre, como en los trágicos griegos, en Melville, Tolstói o Molière, la que equilibre lo real y su negación en un avivamiento mutuo semejante a ese manantial incesante que es el mismo de la vida alegre y desgarrada. Entonces surge, de tarde en tarde, un mundo nuevo, diferente del de todos los días y, sin embargo, él mismo, particular pero universal, lleno de inseguridad inocente, suscitado durante algunas horas por la fuerza y la insatisfacción del genio. Es eso y, sin embargo, no es eso; el mundo no es nada y es todo, he ahí el doble e incansable grito de cada artista verdadero, el grito que lo mantiene en pie, con los ojos siempre abiertos, y que, de tarde en tarde, despierta para todos en el seno del mundo dormido la imagen fugitiva e insistente de una realidad que reconocemos sin haberla conocido jamás.

Del mismo modo, el artista no puede ni apartarse de su siglo ni perderse en él. Si se aparta, habla en el vacío. Pero, inversamente, en la medida en que tome el siglo como objeto, el artista afirmará su propia existencia en cuanto que sujeto y no podrá someterse enteramente a él. Dicho de otro modo, es en el momento mismo en que el artista opta por compartir la suerte de todos cuando afirma su individualidad. Y no podrá librarse de esta ambigüedad.

Albert Camus

El artista toma de la historia lo que puede ver y sufrir por sí mismo, directa o indirectamente, es decir, la actualidad en el más estricto sentido de la palabra, y los hombres que viven hoy, no la remisión de esa actualidad a un futuro imprevisible para el artista. Juzgar al hombre contemporáneo en nombre de un hombre que aún no existe es algo que cae de lleno en el ámbito de la profecía. El artista solo puede apreciar los mitos que se le proponen en función de su repercusión en el hombre de su tiempo. El profeta, religioso o político, puede juzgar de forma absoluta lo que, como es sabido, hace con frecuencia. Pero el artista no puede. Si juzgara de forma absoluta, dividiría sin matices la realidad entre el bien y el mal y caería en el melodrama. El fin del arte, por el contrario, no es legislar o reinar; es, ante todo, comprender. Y ocurre que a veces, a fuerza de comprender, reina. Pero ninguna obra genial se ha basado nunca en el odio y el desprecio. Por eso es por lo que el artista, al término de su itinerario, absuelve en vez de condenar. No es juez, sino justificador. Es el abogado perpetuo de la criatura viva, porque está viva. Aboga verdaderamente por el amor al prójimo, no por ese amor remoto que degrada al humanismo contemporáneo a catecismo de tribunal. Al contrario, la gran obra acaba confundiendo a todos los jueces. A través de ella, el artista, simultáneamente, rinde homenaje a la más alta figura del hombre y se inclina ante el último de los criminales. "No hay uno solo de los desdichados encerrados conmigo en este miserable lugar —escribió Wilde en la cárcel— que no se halle en relación

simbólica con el secreto de la vida".
Sí, y este secreto de la vida coincide con
el del arte.

Durante ciento cincuenta años, los
escritores de la sociedad mercantilista,
con muy raras excepciones, creyeron
poder vivir en una feliz irresponsabilidad.
Vivieron, en efecto, y murieron solos, como
habían vivido. Nosotros, los escritores del
siglo xx, jamás estaremos solos. Debemos
saber, al contrario, que no podemos
evadirnos de la miseria común, y que
nuestra única justificación, si es que existe
alguna, es la de hablar, en la medida de
nuestras posibilidades, por aquellos que
no pueden hacerlo. Pero debemos hacerlo
por todos los que sufren en este momento,
cualesquiera que sean las grandezas,
pasadas o futuras, de los Estados y de los

partidos que les oprimen: para el artista no hay verdugos privilegiados. Por eso es por lo que la belleza, incluso hoy, sobre todo hoy, no puede ponerse al servicio de ningún partido; solo está al servicio, a largo o breve plazo, del dolor y de la libertad de los hombres. El único artista comprometido es el que, sin rechazar el combate, se niega al menos a sumarse a los ejércitos regulares, me refiero al francotirador. La lección que saca entonces de la belleza, si la saca con honradez, no es una lección de egoísmo, sino de dura fraternidad. Así concebida, la belleza jamás ha esclavizado a ningún hombre. Y durante milenios, cada día, cada segundo, ha aliviado, por el contrario, la esclavitud de millones de hombres y, a veces, ha liberado para siempre a algunos. Tal vez aquí, en esta perpetua

Albert Camus

tensión entre la belleza y el dolor, el amor a los hombres y la locura de la creación, la soledad insoportable y la muchedumbre abrumadora, el rechazo y el consentimiento, toquemos la grandeza del arte. El arte camina entre dos abismos, que son la frivolidad y la propaganda. En esta línea en forma de sierra por la que avanza el gran artista, cada paso es una aventura, un riesgo extremo. En este riesgo, sin embargo, y solo en él, está la libertad del arte. Libertad difícil y que se parece más bien a una disciplina ascética. ¿Qué artista lo negaría? ¿Qué artista osaría creerse a la altura de esta tarea incesante? Esta libertad supone la salud del corazón y del cuerpo, un estilo que ha de ser como la fuerza del alma y un paciente enfrentamiento. Es, como toda libertad, un riesgo perpetuo, una aventura extenuante, y he ahí por qué se evita hoy este riesgo igual que se evita la exigente libertad para precipitarse hacia toda clase de sumisiones y obtener al menos la comodidad espiritual. Pero si el arte no es una aventura, ¿qué es entonces y dónde está su justificación? No, el artista libre, como el hombre libre, no es el hombre cómodo. El artista libre es el que, con gran trabajo, crea su orden por sí mismo. Mientras más desenfrenado sea lo que debe ordenar, más estricta será su regla y con más fuerza afirmará su libertad. Hay una frase de Gide que siempre he aprobado aunque pueda prestarse al malentendido: "El arte vive de sujeción y muere de libertad". Eso es verdad. Pero de ahí no debe inferirse que el arte pueda ser dirigido. El arte vive solo de las obligaciones que se impone a sí mismo; muere de las demás.

En cambio, si no se impone obligaciones a sí mismo, se pone a delirar y se somete a las sombras. El arte más libre, y el más rebelde, será así el más clásico; será la coronación del mayor esfuerzo. Mientras una sociedad y sus artistas no acepten este largo y libre esfuerzo, mientras se abandonen a la comodidad de la diversión o del conformismo, a los juegos del arte por el arte o a las prédicas del arte realista, sus artistas se quedarán en el nihilismo y en la esterilidad. Decir esto es decir que el renacimiento hoy depende de nuestro valor y de nuestra voluntad de clarividencia.

Sí, este renacimiento está en nuestras manos. Depende de nosotros que Occidente suscite esos contra-Alejandros que deben volver a anudar el nudo gordiano de la civilización, cortado por la fuerza de la espada. Para ello, tenemos que asumir todos los riesgos y los trabajos de la libertad. No se trata de saber si persiguiendo la justicia lograremos preservar la libertad. Se trata de saber que, sin la libertad, no realizaremos nada y perderemos a la vez la justicia futura y la belleza antigua. Solo la libertad salva a los hombres del aislamiento; la opresión, en cambio, planea sobre una muchedumbre de soledades. Y el arte, a causa de esta esencia libre que he tratado de definir, reúne allí donde la tiranía separa. Así pues, ¿cómo puede extrañar que el arte sea el enemigo declarado de todos los regímenes opresores? ¿Cómo extrañarse de que los artistas y los intelectuales hayan sido las primeras víctimas de las tiranías modernas, sean de derecha o de izquierda? Los tiranos

Albert Camus

saben que hay en la obra de arte una fuerza de emancipación que solo es misteriosa para los que no la aprecian. Cada gran obra hace más admirable y más rica la faz humana; ahí está todo su secreto. Y nunca habrá suficientes campos de concentración ni rejas carcelarias para oscurecer este conmovedor testimonio de dignidad. Por esto es por lo que no es cierto que se pueda, ni siquiera provisionalmente, suspender la cultura para preparar otra nueva. No se puede suspender el incesante testimonio del hombre sobre su miseria y su grandeza, no se puede suspender una respiración. No hay cultura sin herencia y nosotros no podemos ni debemos rechazar nada de la nuestra, la de Occidente. Cualesquiera que sean las obras del futuro, estarán todas henchidas del mismo secreto, hecho de valor y de libertad, alimentado por la audacia de millares de artistas de todos los siglos y de todas las naciones. Sí, cuando la tiranía moderna nos muestra que, aun refugiado en su oficio, el artista es el enemigo público, tiene razón. Pero así, a través del artista, la tiranía rinde homenaje a una figura del hombre que nada hasta hoy ha podido destruir.

Mi conclusión es muy sencilla. Consiste en decir, en medio mismo del ruido y la furia de nuestra historia: "Alegrémonos". Alegrémonos, en efecto, de haber visto morir una Europa mentirosa y confortable y de vernos confrontados a crueles verdades. Alegrémonos en cuanto que hombres, puesto que una larga mixtificación se ha venido abajo y ahora vemos con claridad lo que nos amenaza. Y alegrémonos en cuanto

Albert Camus

que artistas, arrancados del sueño y de la sordera, forzosamente enfrentados a la miseria, a las cárceles y a la sangre. Si ante tal espectáculo conservamos la memoria de los días y de los rostros; si, inversamente, ante la belleza del mundo, somos capaces de no olvidar a los humillados, el arte occidental recobrará poco a poco su fuerza y su majestad. Ciertamente, en la historia hay pocos ejemplos de artistas enfrentados a tan duros problemas. Pero precisamente cuando las palabras y las frases, hasta las más sencillas, se pagan al precio de la libertad y de la sangre, el artista aprende a manejarlas con mesura. El peligro vuelve clásico, y toda grandeza, en suma, tiene sus raíces en el riesgo. Ha pasado ya el tiempo de los artistas irresponsables. Podemos añorarlo por nuestras pequeñas satisfacciones. Pero tendremos que reconocer que esta prueba nos depara al mismo tiempo nuestras posibilidades de autenticidad, y aceptaremos el reto. La libertad del arte no vale gran cosa cuando no tiene otro sentido que asegurar la comodidad del artista. Para que un valor, o una virtud, arraigue en una sociedad, hay que defenderlos de verdad, es decir, pagar por ellos siempre que se pueda. Que la libertad se haya tornado peligrosa indica que está en camino de no dejarse prostituir. Y yo no estoy de acuerdo, por ejemplo, con los que se quejan actualmente del ocaso de la sabiduría. Aparentemente, tienen razón. Pero, en verdad, la sabiduría jamás decayó tanto como en los tiempos en que constituía solo el placer sin riesgos de algunos humanistas librescos. Hoy, cuando

Albert Camus

se enfrenta por fin a peligros reales, hay posibilidades de verla alzarse de nuevo, de que sea respetada de nuevo.

Se dice que Nietzsche, tras su ruptura con Lou Salomé, sumido en una soledad definitiva, abrumado y exaltado a la vez por la perspectiva de esa obra inmensa que debía realizar sin ayuda alguna, paseaba de noche por las montañas que dominan el golfo de Génova, y miraba consumirse las hojas y ramas con las que encendía grandes hogueras. He meditado a menudo en esos fuegos y he colocado mentalmente ante ellos a algunos hombres y algunas obras para ponerlos a prueba. Pues bien, nuestra época es uno de esos fuegos cuya quemadura insoportable reducirá sin duda a cenizas muchas obras. Pero en las que queden su metal permanecerá intacto y, con ellas, podremos entregarnos sin reservas a esa alegría suprema de la inteligencia que se llama "admiración".

Puede desearse, sin duda, y yo también lo deseo, una llama menos intensa, una tregua, la pausa propicia a la ensoñación. Pero tal vez no haya otra paz para el artista que la que se halla en lo más ardiente del combate. "Todo muro es una puerta", dijo Emerson acertadamente. No busquemos la puerta, y la salida, en otra parte que en el muro contra el que vivimos. Al contrario, busquemos el reposo allí donde se halla, es decir, en medio del combate. Pues, en mi opinión, y con esto voy a terminar, es ahí donde se encuentra. Se ha dicho que las grandes ideas vienen al mundo en patas de paloma. Si es así, y si aguzamos el oído, tal vez podamos oír, entre el fragor de imperios y naciones, un

Albert Camus

débil rumor de alas, el suave bullicio de la vida y de la esperanza. Unos dirán que esta esperanza la lleva un pueblo, otros que un hombre. Yo, por el contrario, creo que la despiertan, la reaniman y la mantienen millones de solitarios, cuyas obras y acciones niegan cada día las fronteras y las más burdas apariencias de la historia, para hacer resplandecer fugitivamente la verdad siempre amenazada que cada uno, por encima de sus sufrimientos y alegrías, eleva para todos.

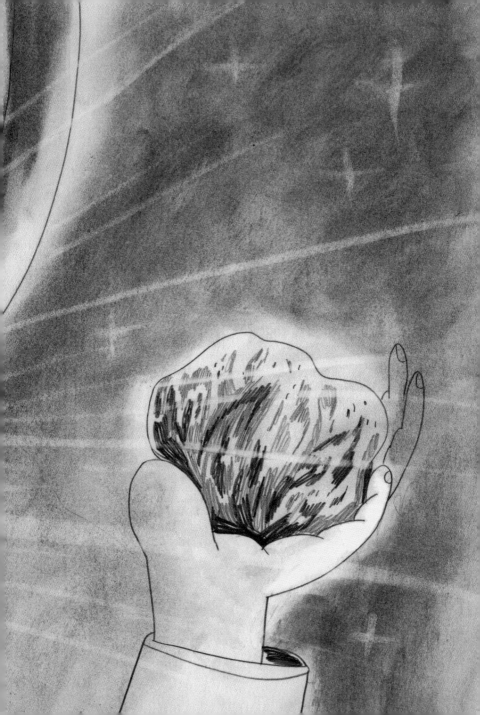

Albert Camus nació en Argelia el 7 de
noviembre de 1913. Fue ensayista, novelista,
dramaturgo, filósofo y periodista, y una de
las figuras intelectuales más relevantes
de la Europa del siglo xx. Autor de aclamadas
novelas de corte existencialista como
El extranjero o *La peste*, también de ensayos
clave como *El mito de Sísifo*, recibió el máximo
galardón de las letras, el Premio Nobel de
Literatura, en 1957. Tres años más tarde, en
1960, falleció en un accidente de coche.

Título original: *L'homme et son temps*, conferencia
pronunciada por Albert Camus en la Universidad de
Upsala el 14 de diciembre de 1957. Extraída de *Discours
de Suètde*, publicado originalmente por Éditions
Gallimard, 1958.

Ilustraciones: María Herreros
Diseño gráfico: Setanta

Printed by GPS, Slovenia
ISBN: 978-84-252-3395-1
Depósito legal: B. 14545-2022

Editorial GG, S. L.
Via Laietana, 47 3.º 2.ª, 08003 Barcelona. España
Telf. (+34) 933 228 161
www.editorialgg.com